PROJEKTMANAGEMENT

Checklisten & Formulare für Projekt Manager

Andreas Ketter

www.pm-profi.de

Inhaltsverzeichnis

Vorwort

Checklisten und Formulare unterstützen ein strukturiertes Vorgehen bei der Analyse, Bewertung, Maßnahmenplanung, Steuerung und Entscheidungsfindung. Auch helfen diese bei der Vorbereitung von Verhandlungen, Präsentationen, Berichten und Besprechungen. Aufgabenstellungen können mit Hilfe von Formularen und Checklisten standardisiert und vereinfacht werden, was auch einen positiven Effekt im Qualitätsmanagement bewirkt.

Durch eine gute Vorbereitung und Planung werden die besten Voraussetzungen für die erfolgreiche Realisierung von Projekten geschaffen.

Die nachstehenden Formulare & Checklisten sind je nach Anwendungsfall und Projektphase an die betreffende Projektsituation und Projektinhalte anzupassen. Viele grundsätzliche Fragestellungen und Checks sind bereits ausformuliert und es ist dem Nutzer überlassen, inwiefern er diese für seine Bedürfnisse ändern, ergänzen oder streichen will.

Abhängig von der Projektkategorie (Komplexität, Größe, Internationalität, neue Produkte/Lösungen etc.) sind erfahrungsgemäß mehr oder weniger Checks und ein unterschiedlicher Tiefgang nötig, um die gewünschten Resultate zu erreichen. Grundsätzliches, wie z.B. die Frage ob ein schriftlicher Auftrag vorhanden ist, ist sicher immer zu klären. Fragen nach Lizenzrechten & Geheimhaltung sind z.B. für viele Projekte nicht relevant. Hier muss der Projektleiter von Fall zu Fall entscheiden.

Es ist hilfreich sich vorab schon verschiedene Versionen (z.B.: einfach, normal, komplex) für bestimmte Checklisten und Formulare zusammenstellen, die immer wieder verwendet und verbessert werden. Dann muss man das Rad nicht mehr aufs Neue erfinden, spart Zeit und kann sich auf das Wesentliche konzentrieren.

Auftragscheckliste

Die nachstehende Auftragscheckliste geht davon aus, dass ein schriftlicher Auftrag besteht und ist dazu gedacht, diesen und die dazugehörigen Dokumente zu analysieren. Anhand dieser Analyse lassen sich bereits die Eckpunkte für die Projektplanung / Ausführung bestimmen und können Aktionen festgelegt werden, um unklare Punkte zu klären. Auch lassen sich hier Erkenntnisse gewinnen, die Eingang in das Chancen- und Risikomanagement im Projekt finden.

Beschreibung	Status
Projektplan vorhanden ?	
Liefer- und Leistungsumfang vollständig beschrieben ?	
Alle Schnittstellen festgelegt und eindeutig beschrieben ?	
Umfang und Inhalt von Support und Schulungen beschrieben ?	
Anforderungen an die Dokumentation definiert ?	
Noch offenstehende Klärungen vorhanden ?	
Mitwirkungspflicht des Kunden definiert ?	
Change Request Management Prozess vereinbart ?	
Risikomanagementplan vorhanden ?	
Eskalationsmanagement festgelegt ?	
(Teil-) Abnahmeprozess vereinbart ?	
Problem-/Fehlermeldeverfahren festgelegt ?	
Zahlungsplan bzw. Vergütungs- und Abrechnungsprozess sowie Preisindexierung vereinbart ?	
Regelungen im Verzugsfall vorhanden ?	
Gewährleistungsfristen, -prozess festgelegt ?	
Haftungsbegrenzung vorhanden ?	
Sicherheiten, Bürgschaften, Solvenzprüfung vorhanden ?	

Lizenzrechte geregelt ?	
Geheimhaltungsklausel vorhanden ?	
Vertragslaufzeit festgelegt ?	
Regelungen und Definition für höhere Gewalt getroffen ?	
Übertragung/Übergang von Rechten und Pflichten festgelegt ?	
Regelung zu evtl. Nebenabreden vorhanden ?	
Gerichtsstand/Anwendbares Recht festgelegt ?	
Salvatorische Klausel vorhanden ? (d.h. Unwirksamkeit einzelner Passagen machen nicht den ganzen Vertrag unwirksam)	
Geltungshierarchie der Vertragsdokumente und Anlagen festgelegt ?	

Dokumentencheckliste

Zur Vorbereitung der Planung und der Projektausführung ist es notwendig eine vollständige Übersicht über die dazugehörigen Dokumente und deren Status zu haben. D.h. der Projektmanager muss wissen, ob und welche Dokumente fehlen und ob die vorhandenen Dokumente aktuell und vollständig sind. Nur dann kann er Maßnahmen ergreifen und einen Aktionsplan erstellen, in dem er festlegt, wer welche Aktionen bzgl. des Dokumentenstatus bis wann auszuführen hat.

Nicht alle in einer solchen Checkliste aufgeführten Dokumente werden immer benötigt. In der Dokumentenübersicht wird dies hinterlegt, sodass klar ist warum z.B. bestimmte Dokumente nicht vorhanden sind und auch nicht benötigt werden. Es entsteht hierdurch Klarheit für alle Beteiligten und es ist zu erkennen, auf welcher Basis die weiteren Schritte im Projekt geplant werden.

Für Dokumente die regelmäßig aktualisiert werden müssen, z.B. die Chancen- und Risikoübersicht, sollte ein Verantwortlicher benannt werden, der alle hierzugehörigen Aktionen initiiert, überwacht und berichtet.

In die Dokumentenübersicht kann dies unter Bemerkungen eingetragen werden, sodass klar ist, wer für dieses Dokument verantwortlich ist und mit welcher Frequenz die Aktualisierung des Dokumentes stattfindet. Nur die Statuszusammenfassung findet Eingang in die Dokumentenübersicht, um diese nicht zu überfrachten. Einzelaktionen und deren Detailstatus werden durch Aktionspläne erfasst, überwacht und gesteuert.

Um den Gesamtstatus auf einen Blick erfassen zu können, ist es hilfreich, mit Farbkennzeichnungen zu arbeiten und eine Zusammenfassung für den Status (vorhanden, aktuell, komplett) durchzuführen.
Bei der nächsten Aktualisierung dieser Checkliste wird dann sofort erkenntlich, ob und welche Veränderungen zwischenzeitlich aufgetreten sind.

Da die Anzahl der Dokumente häufig sehr umfangreich ist, lässt sich diese Checkliste am besten in Excel oder Datenbanken erfassen und auswerten.

Projektname	Musterprojekt	35%	7	von	20 Dokumente nicht vorhanden	Projektleiter	Max Muster
Projektnummer	XXXXXXXXXXX	46%	6	von	13 Dokumente nicht aktuell	Telefon	+49 xxxx xxx
		69%	9	von	13 Dokumente nicht vollständig	E-Mail	m.muster@muster.com

	Dokumente	vorhanden	aktuell	komplett	Bemerkungen
1.0	Vertrag				
1.1	Milestones				
1.2	Endtermin				
1.3	Terminplan				
1.4	Schnittstellenabgrenzung				
1.5	Zahlungsplan				
1.6	Chancen & Risiko Analyse				
1.7	Stakeholder Analyse				
1.8	SWOT Analyse				
1.9	Organisationsplan intern				
1.10	Organisationsplan exten				
1.11	Kommunikationsplan				
1.12	Reportingstruktur				
1.13	Statusberichte				
1.14	Zeichnungen				
1.15	Leistungsverzeichnisse				
1.16	Vorschriften / Richtlinien				
1.17	Projektsteckbrief				
1.18	Projektleiter Zielvereinbarung				
1.19	Projektmitarbeiter Zielvereinbarungen				
1.20	...				

Projekt-Start-Up Checkliste

Bevor der Projekt Kick-Off durchgeführt wird, gilt es Punkte zu klären, Planungen durchzuführen, Dokumente zu analysieren und Informationen so aufzubereiten, dass den Teilnehmern des Projekt-Kick-Off ein klares Bild zu den Zielen des Projektes und der Zeitplanung gegeben werden kann.

Während des Kick-Off's werden die einzelnen Themen, Methoden, Spielregeln und Prozesse miteinander abgestimmt. Das Ziel ist, am Ende des Meetings ein Kommitment aller Beteiligten zu erreichen. In der nachstehenden Checkliste sind diese Themen aufgeführt.

1. Projektbeschreibung & Ziele & Nutzen		
2. Projektinhalte & Struktur & Schnittstellenabgrenzungen		
3. Termine & Milestones		
4. Projektbudget & Auftragskalkulation & Projektcontrolling		
5. Chancen & Risiken		
6. SWOT-Analyse		
7. Organisation & Team		
8. Projektumfeld & Stakeholders		
9. Projektbesprechungen		
10. Projektstatusberichte		
11. Kommunikation & Eskalation		
12. Besondere Anforderungen & Vorgaben		
13. Sonstige Bemerkungen		
Offene Punkte: noch zu klären & noch zu erledigen	verantwortlich	bis wann

Der Projektplan (allgemein)

Während des Projekt-Kick-Off's wurden die wesentlichen Elemente des Projektes besprochen und diverse Punkte gemeinsam weiter ausgearbeitet, bzw. Teammitglieder mit der weiteren Detailausarbeitung beauftragt. Ziel ist es, diese in den Projektplan zu übernehmen, damit alle Beteiligten über die gleichen und aktuellen Informationen zum Projekt verfügen. Der Projektplan ist kein statisches Dokument, er wird regelmäßig aktualisiert, ggf. ergänzt oder geändert.
Der Projektplan ist dem internen Auftraggeber vorzulegen und nachdem dieser den Projektplan freigegeben hat, kann mit der Umsetzung des Planes begonnen werden.

Das Deckblatt sollte deshalb unterzeichnet sein und minimal die untenstehenden Informationen enthalten. Da der Projektplan kontinuierlich fortgeschrieben, ergänzt und aktualisiert wird, sollte der jeweils aktuelle und gültige Projektplan als Onlineversion zur Verfügung stehen. Damit wird gewährleistet, dass alle Beteiligten die jeweils aktuelle Version verwenden und Missverständnisse aufgrund von veralteten Dokumenten vermieden werden können.

Deckblatt für den Projektplan

Projektname:				
Auftragsnummer:				
Verteiler:	Name	Funktion	E-Mail	Telefon
Erstellt von:	Max Muster, Projektleiter			
Datum:	Unterschrift:			
Freigegeben von:	Franz Boss, Abteilungsleiter			
Datum:	Unterschrift:			

Projektplaninhalt

Projektbeschreibung	Termine & Meilensteine
Auftraggeber / Ansprechpartner Projektinhalte (in/out of Scope) Projektziele / Erwarteter Nutzen	Projektstart / Projektende Projektphasen Start / Ende Meilensteine / Abnahmen & Genehmigungen
Kosten	**Qualität & EHS**
Gesamtwert Material / Lohn Eigen / Fremd Zahlungsplan / Abrechnung	Qualitätsanforderungen Qualitätsmanagement EHS-Anforderungen EHS-Management
Information / Kommunikation:	**Projekt Organisation**
Besprechungen intern / extern Statusberichte Controlling / Monitoring	Projektteam intern / extern Verantwortlichkeiten / Befugnisse Rollen / Zielvereinbarungen

Umgebungs-/Stakeholder-/SWOT-Analyse

Direkte Projektumgebung: Interessen, evtl. Unterstützung & Widerstände, Stärken & Schwächen (intern/extern)
Indirekte Projektumgebung: Interessen, evtl. Unterstützung & Widerstände, Stärken & Schwächen (intern/extern)

Chancen & Risiken

Chancen, Eintrittswahrscheinlichkeit, Impact, Maßnahmen
Risiken, Eintrittswahrscheinlichkeit, Impact, Maßnahmen

Erfahrungen und Erkenntnisse aus anderen Projekten (Lessons Learned) sollten immer in den Projektplan miteinfließen.

Nachstehend finden Sie noch ein Beispiel für einen detaillierten Projektplan.

Beispiel-Projektplan (detailliert)

Kunde	International Test Inc.
Ansprechpartner Kunde	John Denver +49 76 528 xxx john.denver@intertest.com
Project Manager	PM PROFI +49 76 485 xxx pm.profi@me.com
Commercial Projekt Manager	PM PROFI +49 76 432 xxx pm.profi@me.com
Projektname Projekt-Nr.	PMP International Test Project 2010-99-7834
Projektstart: Projektende:	2010-10-01 2012-03-31
Projektvolume Projektkategorie	65 Mio. € komplex

Projekt Kurzbeschreibung

Turn-Key Auftrag
- Neues Bürogebäude, 45 Etagen und Tiefgarage
- Anschluss zum öffentlichen Netzwerk, Energieversorgung und -verteilung in und zum Gebäude, Notstromversorgung
- Innen- und Außenbeleuchtung, Sicherheitstechnik, Gebäudeautomation, Brandschutztechnik, Zugangskontrolle, IT-Netzwerk

Option
- Datencenter und IT-Hardware
  Entscheidung hierzu wird innerhalb der nächsten 2-3 Monate getroffen

Revisions Log

Änderungen im Dokument "Projektplan"

Revision Log				
Rev.	Autor	Datum	Kapitel	Änderung (en)
1				
2				
3				

1   Projekt Geschichte

Alle relevanten Ereignisse und Ergebnisse ab Angebotserstellung. Insbesondere die Dokumentation der Verkaufsphase und der Auftragsverhandlungen. Hierbei auch die Lessons Learned aus abgeschlossen Projekten verwenden und die Einträge im Customer-Relation-Managementsystem berücksichtigen.

2   Projekt Übersicht

2.1 Projektumfang		Speicheradresse
Projektname	PMP International Test Project	>>Link <<
Energie	Komplette Energieversorgung & -verteilung	>>Link <<
Notstromversorgung	Diesel, Transformator, Hauptverteilung	>>Link <<
Innenbeleuchtung	Büros, Flure, Notbeleuchtung, diverse	>>Link <<
Außenbeleuchtung	Funktional & Dekorativ	>>Link <<
Sicherheitstechnik & Zugangskontrolle	Kameraüberwachung	>>Link <<
Brandschutztechnik	>>Beschreibung<<	>>Link <<
Gebäudeautomation	>>Beschreibung<<	>>Link <<
Sonstiges	>>Beschreibung<<	>>Link <<

2.2 Baustellen information		Speicheradresse
Standort(e)	>>Standort eingeben<<	>>Link <<
Adresse(n)	>>Adresse eingeben<<	>>Link <<
	>>Beschreibung<<	>>Link <<
	>>Beschreibung<<	>>Link <<
	>>Beschreibung<<	>>Link <<
Standorte (Karte): >>Foto oder Zeichnung auf einer Karte einfügen<<		>>Link <<
Layout: >>Detailfoto(s) oder Detailzeichnung der Baustelle(n) einfügen<<		>>Link <<

2.3 Kundeninformation		Speicheradresse
Vertragspartner	>> Namen eingeben<<	>>Link <<
Organisationsplan Kunde		>>Link <<
Liste der Kundenansprechpartner		>>Link <<

2.4 Interne Projektorganisation		Speicheradresse
Organisationsplan		>>Link <<
Liste der internen Ansprechpartner		>>Link <<
2.5 Hauptlieferanten		**Speicheradresse**
Transformatoren	>>Name des Lieferanten<<	>>Link <<
Notstromgeneratoren	>>Name des Lieferanten<<	>>Link <<
Fundierung und Gebäude	>>Name des Lieferanten<<	>>Link <<
Straßen und Zugangswege	>>Name des Lieferanten<<	>>Link <<
Bürobeleuchtung	>>Name des Lieferanten<<	>>Link <<
Sicherheitssysteme	>>Name des Lieferanten<<	>>Link <<
Brandschutztechnik	>>Name des Lieferanten<<	>>Link <<
Zugangsleitungen	>>Name des Lieferanten<<	>>Link <<
Sonstiges	>>Name des Lieferanten<<	>>Link <<

2.6 Unterannehmer (vom Kunden & Lieferanten)		Speicheradresse
>>Beschreibung<<	>>Name des Unterannehmers<<	>>Link <<

2.7 Produktion von Komponenten			Speicheradresse
Komponente	Produktionsort	Versandweg	
>>Beschreibung<<	>>Beschreibung<<	>>Beschreibung<<	>>Link <<

3 Wichtige Vereinbarungen

3.1 Vertrag und wichtige Einzelheiten		Speicheradresse
Hauptauftrag	Unterschrieben von >>Name oder Organisation einsetzen<<	>>Link <<
Service & Wartungsvertag	Unterschrieben von >>Name oder Organisation einsetzen<<	>>Link <<
Andere Verträge	Unterschrieben von >>Name oder Organisation einsetzen<<	>>Link <<
Vertrags-verpflichtungen	Vom Projektteam aktualisierte Liste der Verpflichtungen (aus der Verkaufsphase)	>>Link <<
Datum Vertrags-unterzeichnung	>>Datum einsetzen<<	
Projektstart	>>Datum einsetzen<<	
Start Produktion & Assemblage	>>Datum einsetzen<<	
Bauphase	>>Datum einsetzen<<	
Inbetriebnahme-phase	>>Datum einsetzen<<	
Kundenübernahme	>>Datum einsetzen<<	

3.2 Vertragsänderungen / Ergänzungen	Speicheradresse
>>alle unterzeichnenten Anpassungen eintragen<<	>>Link <<

3.3 Auftragsänderungen (change orders) zum Vertrag	Speicheradresse
Auftragsänderungen müssen im Projektstatus-Meeting besprochen werden	>>Link <<

3.4 Technik	Speicheradresse
>>Alle wesentlichen technischen Besonderheiten auflisten<<	>>Link <<

3.5 Projektcheckliste	Speicheradresse
Die Projektcheckliste beinhaltet die technischen Details aller zu liefernden Komponenten und Teile und dient als Grundlage für die Ersatzteilliste	>>Link <<

3.6 Garantie und Gewährleistung		Speicheradresse
Produkte, Komponenten, Systemen	>>Beschreibung<<	>>Link <<
Sonstiges	>>Beschreibung<<	>>Link <<

3.7 Bauzeitenplan	Speicheradresse
>>Graphik oder Link einsetzen<<	>>Link <<

3.8 Zahlungsplan	Speicheradresse
>>Beschreibung der vertraglich vereinbarten Zahlungstermine und -bedingungen<<	>>Link <<

3.9 Vertragsstrafen und Bonus/Malus Vereinbarungen	Speicheradresse
>>Beschreibung<<	>>Link <<

3.10 Dokumentation	Speicheradresse
>>Beschreibung der vertraglichen Vereinbarungen<<	>>Link <<

4 Projekt Pläne

4.1 EHS	Speicheradresse
EHS-Plan Kunde	>>Link <<
EHS-Plan intern	>>Link <<
EHS-Ziele für das Projekt	>>Link <<

4.2 Qualität	Speicheradresse
Qualitätsplan Kunde	>>Link <<
Qualitätsplan intern	>>Link <<
Qualitätsziele für das Projekt	>>Link <<

4.3 Kommunikation	Speicheradresse
Kommunikationsplan extern ·	>>Link <<
Kommunikationsplan intern	>>Link <<

4.4 Claim-Strategie	Speicheradresse
>>Beschreibung der Claimstrategie<<	>>Link <<

4.5 Eskalationsplan	Speicheradresse
>>Namen der Lenkungsausschuss-Mitglieder und Beschreibung des Eskalationsplanes eintragen<<	>>Link <<

4.6 Berichterstattung		Speicheradresse
Intern	Monatliches/wöchentliches Projekt-Status-Meeting inkl. Budgetreview und Controlling.	>>Link <<
Extern	Projekt-Fortschritts-Bericht entsprechend Vertrag (normalerweise monatlich). Andere Berichte, falls zusätzlich mit dem Kunden vereinbart.	>>Link <<

4.7 Versicherungsplan	Speicheradresse
>>Beschreibung<<	>>Link <<

4.8 Produktion	Speicheradresse
Produktionszeitplan	>>Link <<
Werksabnahmen	>>Link <<

4.9 Transport		Speicheradresse
Transportplan	>>Beschreibung<<	>>Link <<
Transport-mittel	>>Beschreibung<<	>>Link <<

4.10 Chancen und Risiken		Speicheradresse
Chancen & Risiken Übersicht	Das Projektteam identifiziert und bewertet Chancen und Risiken, definiert Maßnahmen fest und überwacht diese. Chancen und Risiken werden zusätzlich in regelmäßigen separaten Meetings aktualisiert.	>>Link <<

4.11 Stakeholdermanagement		Speicheradresse
Stakeholder Analyse	Das Projektteam identifiziert und bewertet die wesentlichen Stakeholder, definiert Maßnahmen überwacht diese. Die Stakeholder Analyse wird zusätzlich in regelmäßigen separaten Meetings aktualisiert.	>>Link <<

5 Liste der Planungsdokumente

Die Projektdokumentation ist zur Sicherstellung der Versionskontrolle elektronisch gespeichert.

Typ	Detail	Link *(optional)*
Baustellenbeschreibung		>> Link<<
Produktionsplanung		>> Link<<
Transportplanung		>> Link<<
Installationspläne		>> Link<<
Arbeitsanweisungen		>> Link<<
Installationsterminplan		>> Link<<
Vertragsparteien/ Vertragsbeziehungen		>> Link<<
Interner Organisationsplan		>> Link<<
Baustellen Organisationsplan Besetzungsplan		>> Link<<
Telefonliste		>> Link<<
Projekt-Terminplan		>> Link<<
Versandplanung		>> Link<<
Inbetriebnahmeplan		>> Link<<
Inbetriebnahme-Terminplan		>> Link<<
EHS-Plan	• Health Safety Environment	>> Link<<
Qualitäts-Plan		>> Link<<
Kaufmännische Dokumente	• Zahlungsplan • Budget • Chancen-&Risikenübersicht • Claim Management & Auftragsänderungen • Auftragseingangs-Kalkulation	>> Link<<
Baustellenberichte		>> Link<<
Übersicht aller geplanten Besprechungen		>> Link<<
Abnahme- und Übergabe Dokumente		>> Link<<
Schlüsseldokumente	• Projekt-Reporting & -Controlling, • Projektstrukturplan, Terminplan, • Qualitätsmanagementplan	>> Link<<
Service- und Wartungsvertrag	• Standards, Richtlinien, Prozessbeschreibungen • Personal- und Materialplanung • Wesentliche Komponenten und kritische Teile • Ausrüstung • Projektspezifische Vorlagen • FAQ und Regeln für die Beherschung spezieller Situationen	>> Link<<

6 Projektstrukturplan & Organisation

Das Projekt ist entsprechend nachstehendem Projektstrukturplan in 4 Teilprojekten organisiert. Für die darin enthaltenen Arbeitspakete ist jeweils eine Person verantwortlich (Termine, Kosten Qualität).

Innerhalb der Arbeitspakete werden alle notwendigen Arbeitsschritte definiert.

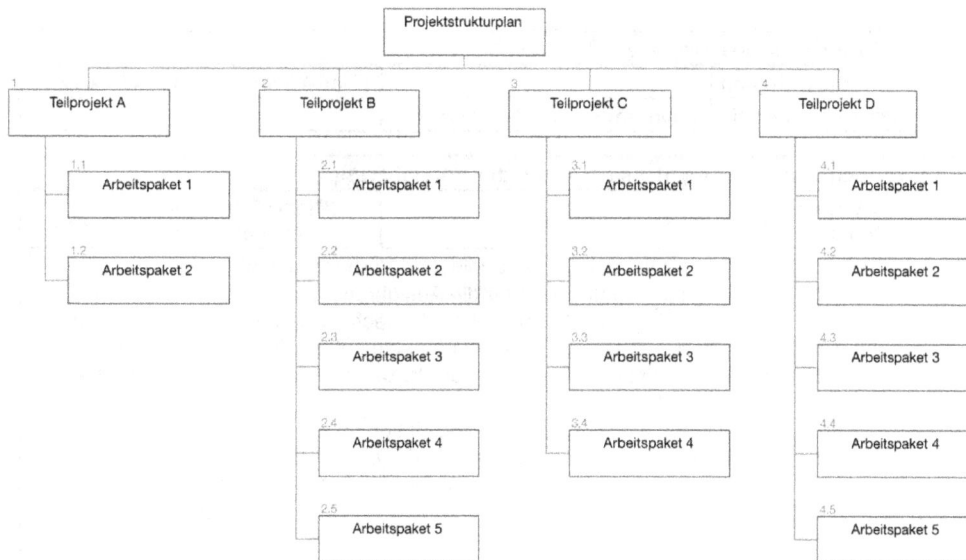

```
                          Projektstrukturplan
   ┌──────────────┬──────────────┬──────────────┬──────────────┐
   1              2              3              4
┌──────────┐  ┌──────────┐  ┌──────────┐  ┌──────────┐
│Teilprojekt A│ │Teilprojekt B│ │Teilprojekt C│ │Teilprojekt D│
└──────────┘  └──────────┘  └──────────┘  └──────────┘

  1.1            2.1            3.1            4.1
┌──────────┐  ┌──────────┐  ┌──────────┐  ┌──────────┐
│Arbeitspaket 1│ │Arbeitspaket 1│ │Arbeitspaket 1│ │Arbeitspaket 1│
└──────────┘  └──────────┘  └──────────┘  └──────────┘

  1.2            2.2            3.2            4.2
┌──────────┐  ┌──────────┐  ┌──────────┐  ┌──────────┐
│Arbeitspaket 2│ │Arbeitspaket 2│ │Arbeitspaket 2│ │Arbeitspaket 2│
└──────────┘  └──────────┘  └──────────┘  └──────────┘

                 2.3            3.3            4.3
              ┌──────────┐  ┌──────────┐  ┌──────────┐
              │Arbeitspaket 3│ │Arbeitspaket 3│ │Arbeitspaket 3│
              └──────────┘  └──────────┘  └──────────┘

                 2.4            3.4            4.4
              ┌──────────┐  ┌──────────┐  ┌──────────┐
              │Arbeitspaket 4│ │Arbeitspaket 4│ │Arbeitspaket 4│
              └──────────┘  └──────────┘  └──────────┘

                 2.5                           4.5
              ┌──────────┐                 ┌──────────┐
              │Arbeitspaket 5│               │Arbeitspaket 5│
              └──────────┘                 └──────────┘
```

7 Anlagen

7.1 Leistungsabgrenzung

Detaillierte Beschreibung inkl. Zeichnungen, Fotos, etc.
Es muss eindeutig sein was der Kunde macht oder zur Verfügung stellt und was in den Verantwortungsbereich des Auftragnehmers fällt.

7.2 Schnittstellen (Interfaces)

Beschreibung der Interfaces an den Leistungsgrenzen, zur Vermeidung von Missverständnissen und Verzögerungen bei der Ausführung.

7.3 Sonstiges

Project Manager Zielvereinbarung

Um von Beginn an Klarheit und Eindeutigkeit zwischen internem Auftragnehmer (dies kann z.B. der Leiter-PM oder Leiter-Sales sein) und Projektmanager zu erreichen, empfiehlt es sich, eine schriftliche Projekt-Manager-Zielvereinbarung abzuschließen. Die gegenseitigen Erwartungen, Pflichten und Befugnisse sowie die Beurteilungskriterien für die zu liefernden Resultate, werden damit einvernehmlich festgelegt, siehe nachstehendes Beispiel:

Laufzeit & Kategorie des Projektes				
Projekt Beginn		(Plan-) Projekt Ende	xx.xx.xxxx
Projekt Kategorie	klein, mittel, groß/komplex		

Verantwortlichkeiten & Befugnisse / Laufzeit der Vereinbarung			
Start der Vereinbarung	xx.xx.xxxx	(Plan-) Ende der Vereinbarung	xx.xx.xxxx
Projekt Manager Verantwortlickeiten	<ul><li>Unterstützt bei der Angebots- und Verhandlungsphase des Projektes</li><li>Gesamtverantwortlich für die Ausführung der Lieferung, Inbetriebnahme und Übergabe. Sicherstellung des technischen und wirtschaftlichen Projekterfolges inkl. Kostenmanagement und Profit-Optimierung</li><li>Planung und Abwicklung, Vor-Ort-Bestandsaufnahme und Vor-Ort-Inspektionen</li><li>Führen und coachen der Projektmitarbeiter</li><li>Durchführen von regelmäßigen Projekt-Reviews inkl. Dokumentation&Weiterleitung der „Lessons Learned"</li><li>Sicherstellen einer gezielten Kommunikation innerhalb des Projektteams und mit allen relevanten Akteuren</li><li>Kontinuierliches Projekt-Controlling und regelmäßige Berichterstattung **(in Detail festlegen: Frequenz & Berichtsvorlage)**</li><li>Regelmäßige Projekt-Status-Review-Meetings mit dem Leiter des PM durchführen sowie separate Lessons Learned Workshops **(in Detail festlegen: Frequenz & minimale Agenda & Prozess & Berichtsvorlage)**</li><li>Chancen-und Risikomanagement (Identifizierung, Bewertung, Steuerung und Kontrolle von Maßnahmen) mit regelmäßigen Aktualisierungen **(in Detail festlegen: Frequenz & Berichtsvorlage)**</li><li>Eskalationsmanagement: Benachrichtigung / Beteiligung des Leiters des PM / Vertriebsleiters, falls eines der vereinbarten Ziele des Projekts gefährdet ist. (z. B. mögliche negative Auswirkungen auf den Projekt-Profit, Vertrags-Zeitplan oder die gewünschte Projekt Qualität)</li><li>Project Administration entsprechend der bestehenden Regeln</li><li>Beauftragung, Koordination und Überwachung/Steuerung aller projektbeteiligten internen Organisationseinheiten</li><li>Management von Unterauftragnehmern: Ausschreibung und Auftragsvergabe, Koordination und Überwachung</li></ul>		
Projekt Manager Befugnisse	<ul><li>Treffen der notwendigen Entscheidungen (entsprechend der internen Regeln und Richtlinien), um eventuelle Verluste und Schäden für das Projekt und/oder die Abteilung (innerhalb der in dieser Vereinbarung festgelegten Schwellenwerte) zu verhindern/mildern</li><li>Aufgaben entsprechend der bestehenden Regeln und Richtlinien zu delegieren</li><li>Um entsprechend der projektspezifischen Unterschriftsregelung & Schwellwertfestlegung zu handeln bzw. zu eskalieren.</li><li>Autorität zu geben, funktionale Anweisungen und Verwaltung zugeordnet Projekt Mitarbeiter</li></ul>		

Verantwortlichkeiten & Befugnisse / Laufzeit der Vereinbarung	
Projekt Manager Befugnisse	• Fachliches Weisungsbefugnis gegenüber den zugeordneten Projektmitarbeitern • Mitspracherecht bei der Abstimmung von Abwesenheitsregelungen für die zugeordneten Projektmitarbeiter • Recht zur Eskalation auf die nächste Stufe, falls der Leiter PM / Vertriebsleiter bei Eskalationen nicht innerhalb der vereinbarten Zeit-Toleranz antworten • Beurteilung der Ergebnisse, Fähigkeiten und des Potenzials der zugeordneten Projekt-Mitarbeiter und Kommunikation mit den zuständigen Vorgesetzten • Vorschlagsrecht und Organisation von Schulungen für Mitarbeiter im Rahmen des Projektes • Beteiligung beim Entscheidungsprozess, falls Mitarbeiter andere Aufgaben außerhalb des Projekts zugewiesen werden sollen • Definition der erforderlichen Projektbesetzung und Kompetenzen, Beteiligung beim Auswahlprozess von Projektmitarbeitern • Selbstständiges Entscheiden über Change Requests bis zu einer Höhe von: **festlegen** • Selbstständige unternehmerische Entscheidungen, die die Projektkosten direkt betreffen, bis zu einem Limit von: **festlegen**
Leiter PM / Sales Verantwortlichkeiten	• Ermächtigung und Befähigung des Project Managers, zur Projektausführung • Zuordnung von Teilverantwortung (z.B. Verantwortung für das Projektresultat, Übertragung der fachlichen Weisungsbefugnis gegenüber den zugeordneten Projektmitarbeitern) für die Dauer des Projektes • Teilnahme in internen und externen Lenkungsausschüssen • Schnelle Entscheidungsfindung bei Problemen, Eskalationen und in Krisensituationen • Reagieren innerhalb des vereinbarten Zeitrahmens bei Eskalationen • Übergeordnetes Controlling/Monitoring im Sinne der gesamten unternehmerischen Verantwortung • Definition von Strategien und zeitnahe Kommunikation • Unterstützung des Projektmanagers mit allen verfügbaren Mitteln, insbesondere durch rechtzeitige Entscheidungsfindungen und Genehmigungen • Festlegung und Genehmigung der Claim-Strategie und Durchsetzung von Ansprüchen gegen den Kunden und / oder Subunternehmer (s) • Sicherstellen der Qualifikation der zugeordneten Projektmitarbeiter, entsprechend der Projektanforderungen • Zur Verfügung stellen der notwendigen Ausrüstung und Räumlichkeiten für das Projekt • Durchführen von Projektstatus Besprechungen • Monitoring bzgl. der Einhaltung aller internen Richtlinien • Sofortige Kommunikation aller projektbezogenen Informationen mit dem Projekt-Manager • Analyse und Kommunikation der "Lessons Learned" • Sicherstellen, dass die erforderlichen Ressourcen dem Projekt-Manager zur Verfügung gestellt werden • Projektabschluss: Der Leiter der PM / Vertriebsleiter entbinden/entlasten den Projektmanager bei dem abschließenden Projekttreffen
Leiter PM / Sales Befugnisse	• Eskalationsstelle bei Überschreitung von Schwellenwerten für Budget /Unterzeichnung, bzw. falls Zeitplan und Qualität bedroht sind • Bestimmt die interne Strategie und Prioritäten innerhalb des vorhandenen Projektportfolios

Verantwortlichkeiten & Befugnisse / Laufzeit der Vereinbarung	
Leiter PM / Sales Befugnisse	• Kann jederzeit up-to-date Informationen über Projektstatus verlangen • Ist berechtigt, wesentliche Änderungen bzgl. der Projekt-Ziele oder Projekt-Pläne zu genehmigen • Ist berechtigt Sitzungen des internen oder externen Lenkungsausschusses einzuberufen

Anlagen	vorhanden	nicht vorhanden	Dokumentenbezeichnung / -inhalt / -speicherort
Dokumentation			
Angebots- und Vertragsdokumente			
Kalkulationen & finanzielle Dokumente			
Projektplan			
Organisations Schema			
Chancen & Risiko Analyse			
Claim Strategie			
Weitere Dokumente			

Die unterzeichnenden Parteien vereinbaren hiermit die Ernennung des PM und bestätigen die hier beschriebenen funktionalen Kompetenzen und Verantwortlichkeiten des PM:

Ernennung des PM			
Parteien	Gedruckter Name	Datum	Unterschrift
Leiter PM / Sales			
Project Manager			

Die unterzeichnenden Parteien vereinbaren hiermit die Abberufung des PM sowie die Beendigung der hier beschriebenen funktionalen Kompetenzen und Verantwortlichkeiten des PM:

Abberufung des PM			
Parteien	Gedruckter Name	Datum	Unterschrift
Leiter PM / Sales			
Project Manager			

Individuelle Zielvereinbarung

Mithilfe der persönlichen projektspezifischen Ziele können individuelle objektive Kriterien zur Beurteilung der vom PM erreichten Resultate festgelegt werden. Diese können dann z.B. für die Festlegung einer evtl. finanziellen Beteiligung des PM am Projektresultat bzw. für die Planung der nächsten Schritte seiner beruflichen Karriere verwendet werden.

Projektspezifische Ziele für den Projekt Manager			
Gebiet	**Gewicht**	**Wertung**	**Zielbeschreibung und Zielgrößen**
Finanziell	25%	50%	Ziel Projekt Profit in X% bzw. Verbesserung gegenüber der Auftragseingangskalkulation in x%
		25%	Einhaltung der kalkulierten Kosten für Engineering, Installation & Inbetriebnahme
		25%	Ziel Profit von x% für Claims und Zusatzaufträge
Termine	15%	33%	Abstimmung der Termine mit den Stakeholdern
		33%	Abstimmung von Terminänderungen mit den Stakeholdern
		33%	Übereinstimmung des Fortschrittes mit der Basisplanung
Qualität	15%	33%	Ziel maximale Anzahl von Änderungen aufgrund von Umständen für die die Firma des PM verantwortlich.
		33%	Pläne für die Abhandlung der Restpunkteliste mit Kunde und Service abgestimmt und vereinbart.
		33%	Max X% Abweichung von dem Basisterminplan
Mitarbeiter	10%	50%	Coaching der Projektmitarbeiter
		15%	Kick off Meeting mit allen Projektmitarbeitern durchgeführt.
		35%	Durchführung regelmäßiger Reviews und Lessons Learned Workshops und Einbeziehung aller Projektmitarbeiter in die Lessons Learned Erkenntnisse
Kunden	25%	50%	X% Kundenzufriedenheit bzgl. der Zusammenarbeit mit dem PM
		25%	X% Kundenzufriedenheit bzgl. der erbrachten Lieferungen und Leistungen
		25%	X% Kundenzufriedenheit bzgl. der realisierten Termine
Prozesse	10%	50%	Genauigkeit bzgl. Gesamtkosten und Endtermin in Projektfortschrittsberichten
		50%	Resultate der Aktionen bzgl. des Stakeholder Management

Verhandlungen vorbereiten

Zur erfolgreichen Durchführung der geplanten Projektaufgaben, werden sowohl intern als auch extern fortwährend Verhandlungen zu führen sein.

Diese gilt es gut vorzubereiten.

Die Zeit, welche Sie in die Vorbereitung einer Verhandlung investieren, zahlt sich im Ergebnis der Verhandlung wieder aus. Ohne Vorbereitung wird es i.d.R. nicht gelingen, den bestmöglichen Abschluss zu erreichen.

Um die benötigten Informationen zu erhalten, sind teilweise Dokumenten- und Internetrecherche ausreichend und teilweise sind persönliche Gespräche erforderlich.

Deshalb ist es sinnvoll, mit der Vorbereitung der Verhandlungen frühzeitig zu beginnen und die im Laufe des Projektes erhaltenen Informationen und gemachten Erfahrungen zur weiteren Verwendung zu dokumentieren und ggf. auch für andere zugänglich zu machen.

Wenn z.B. eine langfristige Zusammenarbeit mit Auftraggebern und Lieferanten bereits besteht oder angestrebt wird, ist hierfür eine entsprechend strukturierte Datenbank eine gute Lösung.

Auch über die Grenzen des aktuellen Projektes hinaus sind die in der Datenbank hinterlegten Informationen und Dokumente für Kollegen nutzbar. Umgekehrt können bereits in der Datenbank vorhandene Informationen, die nicht im Laufe des aktuellen Projektes von Projektteam-Mitgliedern eingegeben wurden, für das aktuelle Projekt genutzt werden.

Kompetenzen feststellen

Verschaffen Sie sich ein genaues Bild über die Kompetenzen Ihrer Verhandlungspartner. Bringen Sie so viel wie möglich über Ihre Verhandlungspartner in Erfahrung

1. Wer wird am Verhandlungstisch sitzen?

2. Was sind die formellen Titel und Verantwortungsbereiche Ihrer Verhandlungspartner?

3. Alter / Dauer der Firmenzugehörigkeit, weitere relevante Erfahrungen Ihrer Verhandlungspartner?

4. Wie ist die Unternehmensstruktur? (Hierarchisch mit starken Entscheidern an der Firmenspitze oder dezentralisiert?)

5. Wie ist die Position und das Ansehen Ihrer Verhandlungspartner in deren Firma? (Wird auf sie gehört? werden sie respektiert? Versuchen Sie dies über Kontakte außerhalb der Firma zu erfahren)

Ihre eigenen Kompetenzen: Welche Vollmachten haben Sie für die Verhandlungen/Vereinbarungen?

Nur bereits durch Ihre Vorgesetzten vorab genehmigte Konditionen? Falls ja, bitte beschreiben. Falls Sie auch bessere Konditionen verhandeln können, welche Konditionen würden Ihre Vorgesetzten als besser ansehen?

Nur Vereinbarungen, durch die bestimmte Ziele erreicht werden? Beschreiben Sie die Ziele. Können Sie dann die Einzelheiten frei verhandeln?

Möchten Ihre Vorgesetzten Ihre Verhandlungsergebnisse erst prüfen und freigeben?

Sie Ihre Befugnisse in €-Werten beschränkt, aber nicht hinsichtlich anderer kreativer Optionen ohne signifikante finanziellen Auswirkungen?

Sind Sie befugt, um Informationen über die Bedürfnisse, Interessen und Vorlieben Ihre Firma abzugeben, falls die Verhandlungspartner in einem Gegengeschäft auf Basis von Treu und Glauben interessiert sind?

Verhandlungspositionen und Interessen ausloten

Was wissen Sie über Ihre Verhandlungspartner? Was ist die deren beste Alternative zu einer verhandelten Vereinbarung? Was ist das Grundinteresse Ihrer Verhandlungspartner und wo liegt deren absolute Grenze, bei der sie einer Vereinbarung noch zustimmen würden?

Um so viel wie möglich über die Interessen und Bedenken Ihrer Verhandlungspartner in Erfahrung zu bringen haben Sie...

1. Quellen innerhalb der Branche kontaktiert?

2. Potentiell relevante Geschäftsberichte geprüft?

3. Deren Bilanzen durchgesehen?

4. Ihren Verhandlungspartnern oder anderen Firmenangehörigen entsprechende informelle Fragen gestellt?

5. Sich selbst in die Rolle Ihrer Verhandlungspartner versetzt und überlegt was dann Ihre Interessen, Bedürfnisse und Vorlieben wären?

Was wissen Sie ...

Über die aktuelle Geschäftssituation Ihrer Verhandlungspartner?

Wie gut ist deren finanzielle Leistungsfähigkeit?

Was ist deren Strategie?

Welche Schlüssel-Initiativen verfolgt die Firma?

Wie groß ist deren Konkurrenzdruck?

Über den Wert, den das Geschäft mit Ihnen für Ihre Verhandlungspartner hat?

Wie wichtig ist das Geschäft zur Zeit für Ihre Verhandlungspartner?

Benötigen diese das Geschäft, um ein größeres Gesamtziel zu erreichen und wie sieht dieses Ziel aus?

Über das Vorhandensein einer evtl. alternativen Geschäftsvereinbarung?

Ist das, was Sie zu bieten haben, einfach auch woanders zu finden?

Können Ihre Verhandlungspartner ggf. noch einen anderen Geschäftspartner wählen und trotzdem die eigenen Endtermine einhalten?

Liegen Ihren Verhandlungspartner bereits Angebote von anderen vor oder werden bereits informelle Gespräche mit anderen geführt?

Über die Bedingung, die Ihre Verhandlungspartner gerne zu diesem Geschäft abschließen möchten?

Welche größeren Geschäftsziele sollen durch die Vereinbarung mit Ihnen gefördert werden?

Welche Teile der Vereinbarung könnten das Geschäftswachstum Ihrer Partner erschweren?

Welche Bedingungen könnten Sie anbieten, die einen Nutzen für Ihre Verhandlungspartner haben und keine großen Zugeständnisse für Sie bedeuten?

Projekt Status Bericht

Sowohl für das Controlling als auch für das interne und externe Reporting ist es notwendig, Status und Fortgang des Projektes regelmäßig zu ermitteln.

Statusberichte bilden auch eine Grundlage für das Eingreifen des Projektleiters, das Festlegen von Maßnahmen und das Treffen von Entscheidungen.

Je besser die Berichte oder besser gesagt die darin aufgeführten Key-Performance-Indikatoren auf das aktuelle Projekt abgestimmt sind, umso schneller werden Abweichungen erkannt und um so zielgerichteter können Entscheidungen getroffen und Maßnahmen festgelegt werden.

Deshalb ist es sinnvoll mit den Beteiligten vorab den Aufbau des Projekt-Status-Berichtes abzustimmen und festzulegen, wie die darin enthaltenen Performance-Indikatoren / Messwerte objektiv und nachprüfbar erfasst werden.

Im nachstehenden Beispielbericht sind wesentliche Elemente für die o.g. Verwendung im Projektmanagement enthalten.

Hiermit wird ein breites Feld von Anwendungsfällen bereits abgedeckt.

Im konkreten Einzelfall können diese Elemente entsprechend geändert und/oder ergänzt sowie zusätzliche Elemente eingefügt werden.

Anhand dieser Rapportage kann der Projektleiter entscheiden, bei welchen Elementen er evtl. weiter in die Tiefe gehen möchte.

Er kann dann zum Beispiel:
- weitere Detailinformationen ermitteln lassen
- Gespräche mit Beteiligten und Experten einplanen
- Problemlösungen initiieren
- Eskalation veranlassen

Wesentlich an dieser Art von Reporting ist, dass es sich auf die Erfassung, Bewertung und das Steuern von Abweichungen gegenüber der Planung konzentriert.

	Berichts-Periode:	aa.aa.aaaa - xx.xx.xxxx

Aktueller Status

Resultate

Situation: Soll / Ist	Abweichungen: absolut/relativ und kumulativ	Ursachen für Abweichungen	Konsequenzen / Maßnahmen / Effekt der Maßnahmen	Trend / Prognose
1. Termine				
2. Kosten				
3. Risiken				
4. Kunden-zufriedheit				

Besondere Probleme/Situationen, Folgen/Wirkung, Maßnahmen und Effekt der Maßnahmen

	Problem	Wirkung	Maßnahme	Resultat der Maßnahme
1				
2				
3				
4				

Wichtige Entscheidungen

Bereits genommen	Noch zu nehmen	Von wem	Bis wann

Änderungen zum Hauptauftrag, Terminplan, etc.

Nächste Schritte

	Einzuleitende Verbesserungsmaßnahmen	Von wem	Datum
1			
2			

Bemerkungen

Chancen und Risiken

Zu jedem Projekt existieren Chancen und Risiken.
Ausfälle von Mitarbeitern, unzureichende Kompetenzen, Missverständnisse bzgl. der Anforderungen, Kalkulationsfehler etc. sind Risiko-Beispiele für innere Ursachen. Zusätzliche Anforderungen und Ergänzungen, die der Auftraggeber wünscht, bieten sowohl Chancen als auch Risiken und sind extern verursacht.

Auch außerhalb der direkten Projektumgebung können z.B. durch Änderungen von Gesetzen und Vorschriften, Wechselkursänderungen, Änderungen im Verhalten der Nutzer oder durch Forderungen von Initiativen, Vereinen und Verbänden Situationen entstehen, die nennenswerten Einfluss auf den Projektverlauf und das Projektergebnis nehmen.

Aus diesen Gründen ist es ratsam, regelmäßig mit dem gesamten Projektteam eine Identifizierung der wesentlichen Chancen und Risiken durchzuführen, diese zu bewerten und zu entscheiden, ob und welche Maßnahmen erforderlich sind, um Risiken zu reduzieren/vermeiden und Chancen zu erhöhen/sicher zu stellen.

Im Laufe eines Projektes kommen neue Chancen & Risiken hinzu, bereits erfasste fallen weg und die Bewertung der bereits erfassten Chancen & Risiken kann sich ändern.

Deshalb bedeutet ein aktives Chance- und Risiken Management, dass eine regelmäßige (z.B. monatliche) Aktualisierung stattfindet, die dazugehörigen Maßnahmen überwacht und ggf. angepasst werden.

Hierfür eignen sich Datenbanklösungen oder eine Excel Datei, wie nachstehend beschrieben.

Um eine realistische Prognose des finanziellen Projektergebnisses aufstellen zu können, ist die jeweils aktuelle Summe der Chancen & Risiken von Anfang an im Projektcontrolling berücksichtigen.

Projektname	Musterprojekt		Projektleiter Max Mustermann			
Projektnr.	xxxxxxxx		Telefon +49 xxxxxx xxxxxxxx			
Datum	xx.xx.xxxx		E-Mail			
Risiken	Risiko-beschreibung	Wahrschein-lichkeit %	Auswirkung in €	Maßnahmen	Kosten der Maßnahmen	Risiko nach Maßnahmen
1. Kategorie						
Risiko 1						
Risiko 2						
Risiko 3						
2. Kategorie						
Risiko 1						
Risiko 2						
3. Kategorie						
Risiko 1						
Risiko 2						
.....						
Chancen	Chancen-beschreibung	Wahrschein-lichkeit %	Auswirkung in €	Maßnahmen	Kosten der Maßnahmen	Chancen nach Maßnahmen
1. Kategorie						
Chance 1						
Chance 2						
2. Kategorie						
Chance 1						
Chance 2						
Chance 3						
3. Kategorie						
Chance 1						
Chance 2						
Chance 3						
.....						

Zur Ermittlung des gesamten Risikos / der gesamten Chancen kann die Checkliste einfach ergänzt werden. Es werden die Wahrscheinlichkeiten mit den Auswirkungen multipliziert und die sich daraus ergebenden "relativen Auswirkungen" aufaddiert.

Hierfür ist es auch sinnvoll die neuen Wahrscheinlichkeiten "nach dem Ergreifen von Maßnahmen" zu bestimmen, da sich durch das Ergreifen von Maßnahmen auch die Eintrittswahrscheinlichkeiten verändern.

Stakeholder Analyse

Der Projektverlauf und das letztendlich erreichbare Projektergebnis werden auch wesentlich durch diverse Stakeholder beeinflusst.

Hier gilt es zu identifizieren, wer welche Interessen verfolgt, ob diese für die Projektziele förderlich oder schädlich sind und wie stark der Einfluss der einzelnen Stakeholder ist.

Im Anschluss daran kann entschieden werden, ob und welche Maßnahmen erforderlich und sinnvoll sind, um positive Einflüsse zu verstärken und negative abzubauen.

Auch diese Analyse sollte regelmäßig aktualisiert werden und die Resultate sind an entsprechender Stelle in die Übersicht der Chancen & Risiken aufzunehmen.

Das nachstehende Excel-Formular erklärt auch wie die Bewertung vorgenommen wird.

Durch Multiplikation der Bedeutung eines Stakeholders mit seinem persönlichen Einfluss ergibt sich der individuelle Bewertungsfaktor.

Basierend hierauf wird dann über die Erfordernis von Maßnahmen entschieden und die jeweils angemessenen Aktionen können festgelegt werden.

Projektleiter	**Max Mustermann**					14. November 2016			PROFI	
Telefon	**+49 xxxxxxxxxx xxxxxxxx**					E-Mail	max.muster@muster.com			
Projektname	**Musterprojekt in Musterhausen**					Projektnummer	**xxxxxxxxxxx**			
	high									
	medium									
	low									
Stakeholder Name	Bewertung	Stakeholder Funktion	Stakeholder Haupt	Stakeholder Bedeutung	Einfluss Beschreibung	Einfluss Gewicht	Aktion	Verantwortlich	Bis
	48			8		6			
	54			9		6			
	70			10		7			
	20			5		4			
	0								
	0								

Problemlösung

Würde alles planmäßig laufen, dann hätte der Projektleiter nach dem Erstellen des Projektplanes nicht mehr viel zu tun.

Mit zunehmender Komplexität und Laufzeit eines Projektes wird der Projektleiter mit einer nicht unerheblichen Anzahl von Problemen - kleine und große, erwartete und unerwartete- konfrontiert.

Deshalb wird hier auf das Thema Problemlösung etwas tiefer eingegangen.

Problemlösung

Um ein Problem zu lösen, ist es zunächst erforderlich, eine möglichst exakte Beschreibung dessen zu erhalten, was als Problem angesehen wird.

Beschreibung: Was funktioniert nicht, was ist das unerwünschte Resultat, etc.

Ort: Wo ist das Problem aufgetreten, bei welchem Prozess -> Prozessschritt, bei welchem System, Einheit, Teil, etc.

Zeitpunkt: Wann trat das Problem zum ersten Mal auf, wann im Prozessablauf, wann tritt es danach wieder auf, etc.

Umfang: Welche Auswirkungen hat das Problem, was ist alles betroffen, welches Ausmaß hat das Problem

Abgrenzung des Problems

Hierbei ist es hilfreich die IST und IST NICHT Fragen zu stellen

D. h. was ist betroffen und was nicht, wann tritt es auf und wann nicht, wie äußert es sich und wie nicht, wie könnte es sein ist es aber nicht, etc.

Analyse des Problems

Hierbei geht es darum die Ursachen für das Problem zu identifizieren. Hilfreich ist die zuvor beschriebene Abgrenzung mit der IST und IST NICHT Frage.

D. h. es gilt die Besonderheiten und die dazugehörigen Veränderungen heraus zu arbeiten und die Zusammenhänge zu erkennen.

Mögliche Ursachen ermitteln

Die festgestellten Besonderheiten und Veränderungen werden daraufhin untersucht, wie diese das erkannte Problem verursacht haben könnten.

Bei jeder möglichen Ursache ist zu erklären, warum diese die eigentliche Ursache des Problems ist und es ist zu prüfen, ob sich alle Aspekte des Problems (Beschreibung, Ort, Zeit, Umfang) auf diese zurückführen lassen. Dabei ist die wahrscheinlichste Ursache diejenige, durch welche die aufgetretenen Abweichungen am besten erklärt werden.

Zusammenfassung der Ursachenanalyse

Trotz verwirrender Unterschiedlichkeit haben alle Probleme dieselbe Struktur, deren Kenntnis es ermöglicht, von der Definition systematisch zur Beschreibung und Auswertung über die Hypothese bis zum Beweis der Ursache zu gelangen.

- Die **Definition** der Abweichung beinhaltet die präzise Formulierung der unerwünschten Situation, deren Ursache ermittelt werden soll.

- Die **Beschreibung** eines Problems legt ausführlich seine Dimensionen: Bezeichnung, Ort, Zeit und Ausmaß hinsichtlich des IST und IST NICHT dar.

- **Besonderheiten** werden ermittelt, also charakteristische Merkmale der IST-Daten in allen vier Dimensionen.

- Nachdem alle Besonderheiten und Veränderungen identifiziert sind, wird bei der **Entwicklung möglicher Ursachen** jede Besonderheit und Veränderung nach Anhaltspunkten für die jeweilige Ursache untersucht.

- Die **wahrscheinlichste Ursache** muss sämtliche Beschreibungsfakten schlüssig erklären.

- Der **Beweis der wahrscheinlichsten Ursache** sollte in der Praxis durchgeführt werden, z.B. durch Simulation.

Entscheidungsanalyse / Nutzwertanalyse

Die Entscheidungsanalyse geht aus vom **Zweck** der Entscheidung, legt die dafür geltenden **Zielkriterien** fest und verwendet diese als Basis für die **Bewertung** der in Frage kommenden Alternativen.

Die Lösung der Entscheidungsanalyse ergibt sich aus der Beantwortung der Fragen:

- Zu welchem **Zweck**?
- Welche **Entscheidungsebene** (sachlich) ist betroffen?
- Welche **Wirkung** soll erzielt werden?
- Welches **Ziel** soll erreicht werden?
- Wie sieht der **Sollzustand** aus?

Prioritätensetzung der Zielkriterien

- Muss-Zielsetzungen sind zwingende Bedingungen
  (auch K.O.-Kriterien, Knockout-Kriterien genannt)

- Soll-Zielsetzungen können unterschiedlich erfüllt werden

Muss-Zielsetzungen sind obligatorisch: Sie müssen unbedingt erfüllt werden, damit der Erfolg der Entscheidung gewährleistet ist. Alternativen, die diese Mindestanforderungen nicht erfüllen, werden nicht berücksichtigt. Muss-Zielsetzungen müssen messbar sein.

Soll-Zielsetzungen werden alle anderen Zielsetzungen genannt. Die entwickelten Alternativen werden später nach ihrem relativen Erfüllungsgrad der Soll-Ziele bewertet. Die Soll-Zielsetzungen bestimmen die Rangfolge der Alternativen untereinander.

Die Entscheidung zwischen mehreren Alternativen treffen

Die Entscheidung richtet sich danach, welche Alternative oder Maßnahme den Zielsetzungen am besten entspricht. Die ideale Alternative bringt die besten Ergebnisse bei gleichzeitig geringstem Mitteleinsatz und geringstem Risiko. Ideale Alternativen sind jedoch selten, daher werden die Alternativen nach ihrem **relativen Erfüllungsgrad** einer jeden einzelnen Zielsetzung bewertet.

Für jede Zielsetzung gibt die **Multiplikation aus der relativen Gewichtung mit dem individuellen Erfüllungsgrad** den Teilnutzwert einer Alternative. Der Gesamtnutzwert einer Alternative, als Summe der Teilnutzwerte, bestimmt die Rangfolge der Alternativen.

Problemlösungsformular

Die Ergebnisse der Problemlösung können wie nachstehend einfach zusammengefasst werden:

Zielsetzung / Betreff:	
Datum & Ort:	
Teilnehmer:	

Aktuelle Situation:

Problem:
Beschreibung:

Warum stellt dies ein Problem dar:

Wie würde die ideale Situation aussehen:

Alternativen:

Option 1:

Was spricht dafür:

Was spricht dagegen:

Option 2:

Was spricht dafür:

Was spricht dagegen:

Lösung:

Aktion	Detailbeschreibung	Verantwortlich	Bis wann

Nachwort

Wenn Sie einen guten Plan haben und alles nach Plan läuft, dann hätte ein Projektmanager nicht viel zu tun.

Änderungswünsche, Missverständnisse, Ressourcenprobleme, unerwartete Ereignisse, technische und logistische Probleme, Meinungsverschiedenheiten, etc. sorgen dafür, dass eine Vielzahl von Aufgaben vom Projekt Manager zu bewältigen sind.

Da diese Aufgaben i.d.R. einen großen Einfluss auf den Projekterfolg haben, ist es effizient, die "routinemäßigen" Aufgaben und Abläufe mit Hilfe von Checklisten und standardisierten Formularen vorzubereiten, zu überwachen und zu steuern.

Der Projektmanager kann entsprechend seiner eigenen Prioritätensetzung entscheiden welche Abweichungen und Aufgaben, seine unmittelbare Aufmerksamkeit erfordern. Er kann die ihm zur Verfügung stehende Zeit besser einteilen, wodurch er seine persönlichen Effektivität steigern kann.

Für Ihre Projektarbeit wünsche ich Ihnen viel Erfolg und hoffe, dass die vorgestellten Formulare und Checklisten Ihnen hierbei nützlich sein werden.

Sie können viele der vorgestellten Formulare und Checklisten direkt auf meiner Homepage downloaden, bzw. mir eine Nachricht zukommen lassen, falls Sie das benötigte Dokument dort nicht finden: www.pm-profi.de

Andreas Ketter, November 2016

www.ingramcontent.com/pod-product-compliance
Lightning Source LLC
Chambersburg PA
CBHW051430200326
41520CB00023B/7420